OBSERVATIONS

A Messieurs de la Cour Royale d'Aix

(CHAMBRE DES MISES EN ACCUSATION)

POUR MONSIEUR

Louis-Florian-Paul, comte de Kergorlay,

Pair de France,

INCULPÉ

DE COMPLOT ET ATTENTAT CONTRE LE GOUVERNEMENT.

MARSEILLE,

IMPRIMERIE DE MARIUS OLIVE, SUR LE COURS, N° 4.

1832.

OBSERVATIONS

A MESSIEURS DE LA COUR ROYALE D'AIX

(CHAMBRE DES MISES EN ACCUSATION)

POUR MONSIEUR

Louis-Florian-Paul, comte de Kergorlay,

Pair de France,

INCULPÉ

DE COMPLOT ET ATTENTAT CONTRE LE GOUVERNEMENT.

MESSIEURS,

IL est dans la nature de toutes les révolutions de faire naître des procès du genre de celui qui occupe la Cour. Le pouvoir du lendemain tire de son origine même des craintes
sérieuses sur sa stabilité; mais paraître fort est le premier
besoin de sa politique: de là ces attaques dirigées contre des

ennemis souvent imaginaires ; de là ces longues hostilités contre de nobles cœurs qui n'ont pas salué le nouvel astre.

Heureuses les victimes de ces momens de désordre , lorsque la magistrature n'a pas été atteinte par la commotion révolutionnaire ! Elles trouvent devant les tribunaux un refuge assuré ; car quel magistrat ne déchirerait pas sa toge , plutôt que de subir dans ses fonctions les exigences de l'esprit de parti ?

Cette puissante garantie rassure les esprits sur le résultat de l'inculpation actuelle. Elle rend, s'il se peut, moins pénible le regret qu'éprouve la défense de ne pouvoir présenter des explications en fait , privée qu'elle est , par l'arrêt que vous avez rendu, de connaître une information élaborée pendant trois mois.

Aussi n'hésiterait-elle pas à s'en remettre entièrement à la Cour du jugement de l'affaire, si la position particulière de M. le comte de Kergorlay ne lui imposait des obligations qu'il ne lui est pas permis de négliger.

M. de Kergorlay a été revêtu par Louis XVIII de la dignité de pair de France ; il ne peut en cette qualité être jugé que par la cour des pairs : c'est le vœu bien explicite de l'art. 34 de la charte de 1814, textuellement reproduit par l'art. 29 de celle de 1830.

Les questions de juridiction ne sont pas une chose que chacun doive se trouver libre de décider d'après son inclination particulière. Chacun , au contraire, et particulièrement celui que la Providence appelle le premier à les soulever , doit se réputer engagé envers les autres à ne pas les abandonner volontairement, et à ne pas créer par cet abandon un antécédent à leur égard.

Cette position ainsi nettement posée, il ne reste qu'à présenter rapidement à la Cour les raisons de décider, dans le sens que nous indiquons, la question de compétence que la cause présente.

L'art. 29 de la charte de 1830 dispose ainsi que suit :

« Aucun pair ne peut être arrêté que de l'autorité de la « chambre, et jugé que par elle en matière criminelle. »

Si cette disposition si précise de notre droit public était la seule applicable à l'espèce, la compétence serait hors de tout doute.

L'arrestation de M. le comte Florian de Kergorlay, pair de France, opérée à Marseille *dans l'intérieur des terres le* 1er *mai dernier*, serait viciée d'une double illégalité.

L'une, subsistant dans tous les cas et tirée de ce que, hors le cas de flagrant délit, elle a été faite sans mandat de justice par un chef de douaniers.

L'autre, de ce qu'elle n'aurait pas été ordonnée par la chambre des pairs.

Mais une loi postérieure à la charte, et votée en quelque sorte à la course, contient des dispositions que l'on veut étendre au cas qui nous occupe : voyons quel est le texte de cette loi, et si ce texte peut amener une autre solution que celle que nous avons indiquée.

En août 1830, il fut proposé à la chambre des députés une loi tendant à déterminer la formule du serment à exiger des fonctionnaires publics au nouvel ordre de choses politique.

Le projet ne parlait ni des pairs, ni des députés. Un amendement présenté dans la discussion et rapidement mis aux voix y introduisit des dispositions relatives aux uns et aux autres.

La loi fut promulguée dans les termes suivans :

« Art. 1er. Tous les fonctionnaires publics dans l'ordre administratif et judiciaire, les officiers des armées de terre et de mer seront tenus de prêter le serment dont la teneur suit :

« Je jure fidélité au roi des Français, obéissance à la charte « constitutionnelle et aux lois du royaume.

. . . .

. . . .

« Art. 3. Nul ne pourra siéger dans l'une ou l'autre chambre, s'il ne prête le serment exigé par la présente loi.

« *Tout député* qui n'aura pas prêté le serment dans le délai de quinze jours *sera considéré comme démissionnaire.*

« *Tout pair* qui n'aura pas prêté le serment dans le délai d'un mois *sera considéré comme personnellement déchu du droit de siéger dans la chambre des pairs.* »

Cette loi est à la date du 31 août 1830.

Le 23 septembre suivant, M. le comte de Kergorlay écrivit à M. le président de la chambre des pairs une lettre dans laquelle il déclarait refuser le serment.

Il n'est pas revenu depuis sur cette détermination, dont sa lettre, reproduite par les journaux de l'époque, indiquait énergiquement les motifs; et c'est cette position qui présente à juger la question suivante :

Les pairs qui ont refusé de prêter le serment prescrit par la loi du 31 août 1830 sont-ils considérés comme déchus de la pairie, et perdent-ils tous les droits attachés à cette dignité, ou sont-ils seulement privés du droit de siéger?

Il ne paraît pas douteux, si l'on applique au cas spécial les principes généraux du droit, que cette dernière déchéance est la seule qu'ils ont encourue.

Les lois pénales, on le sait, ne peuvent pas être étendues d'un cas à un autre; elles doivent être appliquées dans leurs termes naturels, et si leur interprétation comportait le doute, il faudrait toujours s'assujétir à cette règle : *favores ampliandæ, odia restringenda.*

S'il en est ainsi en thèse générale, la chose ne devient-elle pas plus indispensable encore lorsque cette loi tient au droit public et constitutionnel de la nation, lorsqu'elle est une des choses essentielles de notre édifice politique, et lors surtout que les termes sont si clairs qu'ils ne permettent pas le doute ?

« Le pair qui n'aura pas prêté le serment dans le délai fixé est personnellement déchu du droit de siéger dans la chambre des pairs. »

Qu'est-ce à dire autre chose sinon que le comte de Kergorlay est déchu *du droit de prendre séance* à la chambre des pairs? Aussi n'est-ce pas ce droit qu'il réclame. Il ne prétend que celui de n'être arrêté que de l'autorité de la chambre des pairs, et de n'être jugé que par elle en matière criminelle.

Il est inculpé de complot et attentat contre le gouvernement.

Dira-t-on que la déchéance du droit de siéger entraîne celle de toutes les autres prérogatives de la pairie?

Mais cette prétention est-elle admissible en présence de la rédaction même de la loi? Etait-il donc si difficile, si telle avait été l'intention du législateur, d'écrire que le refus du serment entraînerait déchéance de la pairie?

Si on ne l'a point écrit ainsi, c'est que ce n'était pas là le but qu'on voulait atteindre, c'est qu'on avait compris que cette mesure était tout à la fois inutile et inconstitutionnelle.

Inutile, en ce que le pair qui refuse le serment étant déchu *du droit de siéger,* toute peine au delà ne peut plus servir le nouvel ordre politique.

Inconstitutionnelle, en ce que la charte de 1814 comme celle de 1830 proclament l'inamovibilité de la pairie.

Il est essentiel de remarquer ici la différence notable qui existe entre la rédaction du paragraphe relatif aux députés et celle du paragraphe relatif aux pairs du royaume.

Le député, est-il dit dans la loi, sera considéré comme démissionnaire, le pair sera déchu personnellement du droit de siéger.

Ce seul rapprochement est un argument décisif.

Pour le député, le refus du serment est réputé une démission, parce qu'on ne concevrait pas un député déchu du droit de siéger seulement; assister aux travaux de la chambre est pour lui un *devoir* et non pas un *droit.* Maintenir la qualité d'un député auquel on retirerait la faculté de siéger, ne serait autre chose que priver un arrondissement de sa représentation.

Un pair, au contraire, ne représente personne ; la volonté royale peut en augmenter le nombre à son gré. Il ne résulte de sa déchéance du droit de *siéger* aucun inconvénient pour la chose publique.

Là se bornerait notre tâche ; mais nous voulons prouver que la question qui s'agite est d'une importance déjà sentie par les hommes le plus haut placés de la nation, et qu'elle mérite, par les grands intérêts qui s'y rattachent, une discussion approfondie.

Lorsqu'à la séance du 31 août 1830 la loi du serment dut être discutée par la chambre des pairs, la commission chargée d'examiner le projet s'exprima ainsi sur le point que nous discutons :

« La déchéance du droit de siéger est une peine exorbitante non seulement contraire à la législation existante, mais dérogative aux principes constitutifs de la pairie telle qu'on la conçoit dans les pays où il existe des institutions analogues aux nôtres, et telle aussi que l'a maintenue la charte modifiée. Elle est, nobles pairs, l'œuvre toute récente de la loi : ses droits sont clairs et précis, aucun ne peut être suspecté d'usurpation, attaqué comme un vieil abus ; et l'on ne contestera pas sans doute que l'inamovibilité ne soit aujourd'hui encore l'ordre légal et constitutionnel de la pairie. »

On le voit donc : considéré sous cet unique rapport de la

déchéance pure et simple du droit de siéger, le projet de loi paraissait contraire à notre droit public ; la commission s'en expliquait en termes énergiques.

Bien loin qu'une rédaction plus rigoureuse fût proposée, on s'élevait hautement contre celle déjà admise par la chambre des députés.

Un noble pair, M. Dubouchage, disait à la chambre :

« Nous vous rappellerons, Messieurs, que l'art. 3 concernant la pairie, et son dernier paragraphe surtout avec son étonnante pénalité, ne se trouvaient ni dans la proposition faite à l'autre chambre, ni dans le projet amendé par la commission, et que tout cela a été, il faut bien le dire, le résultat d'une courte discussion improvisée sur un amendement déjà lui-même improvisé. Ah ! n'en doutons pas, de plus mûres réflexions et le temps qui seul a manqué à l'examen d'une question qui touche à l'essence même des trois grands corps constitués de l'état.,......... et nous n'aurions pas aujourd'hui à nous occuper ici d'une discussion aussi pénible. Mais, bien qu'elle nous semble personnelle, ainsi que peuvent peut-être le penser quelques esprits légers et superficiels (j'ai déjà dit que chacun de nous ici présens, pris individuellement, y était étranger), nous devons le soutenir, parce que la dernière disposition de l'art. 3 en question frappe inconstitutionnellement la pairie dans son inamovibilité ; parce que la pairie, instituée comme un contre-poids politique et non pour l'avantage de quelques individus, doit rester intacte dans l'inamovibilité de ses membres et à l'abri des coups des deux autres pouvoirs, si l'on attend d'elle qu'elle puisse lutter, ainsi qu'elle l'a déjà fait avec succès, contre les ministres dépositaires responsables des volontés de la couronne et contre les agressions de la démocratie; parce qu'enfin la charte révisée et jurée si récemment l'a constituée inamovible. Si on veut toucher à cette inamovibilité, ce ne peut être par un amendement glissé dans une loi; la charte, dont il ne faut jamais s'écarter, trace d'autres règles, et faut-il au moins en faire l'objet d'une proposition spéciale. »

A ces raisonnemens si précis, si concluans, que répondait le ministère? Ses paroles sont trop remarquables pour ne pas les rapporter ici :

« En temps ordinaire, » disait-il, « il est de l'équité de s'attacher au texte rigoureux de la loi; mais il surgit quelquefois des événemens aussi imprévus que décisifs qui dominent *ces scrupules délicats* et les obligent de céder à des considérations moins logiques et plus fortes. »

Il préludait, on le voit, à ces tribunaux d'exception qu'il a fallu plus tard toute l'énergie d'une noble magistrature pour faire disparaître.

La loi fut adoptée dans les termes que nous avons tout à l'heure reproduits; mais il résulte évidemment des actes de la chambre que si elle céda alors à ces considérations moins *logiques que fortes*, elle n'entendait pas aller au delà du sens que comportait la rédaction de l'article.

Déchéance du droit de siéger ; la concession était certes assez grande.

« J'en appelle à Philippe à jeun , » disait quelqu'un injustement condamné par ce roi au sortir d'un repas.

Peut-être des esprits prévoyans comprirent-ils que ce n'était pas alors le moment de faire prévaloir la légalité, et pensèrent-ils que la rédaction adoptée permettrait ultérieurement une interprétation plus constitutionnelle.

Un fait postérieur démontre jusqu'à l'évidence que l'intention ne fut pas d'atteindre par cette loi la qualité de pair elle-même.

Le 9 novembre suivant, M. le comte Dejean fit à la chambre une proposition formelle de résoudre à l'avance les questions que devait faire naître , quant aux pairs , la loi du 31 août.

Il indiqua nommément celle que nous discutons.

« Les pairs qui ont refusé le serment, » demandait-il, « seront-ils considérés comme démissionnaires et perdront-ils tous les droits attachés à la pairie, ou seront-ils seulement privés du droit de siéger ? »

La question, on le voit, ne pouvait être plus explicitement posée ; et certes, on le sent, elle n'eût pas manqué d'être écartée aussitôt si les pairs l'avaient crue jugée par la loi du serment, dont la discussion était encore présente à tous les esprits.

Il n'en fut rien ; et, bien loin qu'on crût oiseuse la proposition du comte Dejean, M. le président baron Pasquier se hâta de dire que *la chambre en avait reconnu l'opportunité*, et qu'il ne s'agissait plus que de la renvoyer à l'examen d'une commission.

Les membres désignés de cette commission furent : MM. comte Dejean, comte d'Argout, comte de Saint-Aulaire, duc de Crillon, duc de Choiseul, comte de Tascher et duc Decazes.

Cette détermination est d'autant plus remarquable que les momens de la chambre étaient alors absorbés par des discussions d'un haut intérêt, et qu'elle devait être, moins qu'en tout autre, disposée à accorder une attention sérieuse à des choses qui ne lui auraient pas semblé d'une véritable importance.

Sur ces entrefaites, une poursuite dirigée contre M. le comte de Kergorlay, pour délit de la presse par la publication de sa lettre de refus, fit surgir de nouveau devant la cour des pairs la question que nous discutons.

La chambre sembla ne vouloir ici encore établir aucun précédent; *elle s'abstint de statuer sur ce moyen*, et, comme il s'en trouvait d'autres suffisans pour établir sa compétence, elle les admit *seuls* comme motifs de décision.

De nombreux pairs de France avaient, comme M. de Kergorlay, refusé le serment, et parmi eux M. le duc d'Uzès; le fils de ce dernier, M. le duc de Crussol, demanda à être admis à sa place.

C'était ici le cas de trancher définitivement la difficulté et de poser le principe. La chambre ne voulut cependant rien préjuger encore : elle renvoya la demande à la commission chargée de l'examen de la proposition de M. le comte Dejean.

Cette commission fit son rapport le 26 novembre, et son organe, M. le comte de Saint-Aulaire, exprima le vœu qu'il ne fût pas ainsi décidé par avance des questions que l'on pourrait ensuite examiner lorsqu'elles surgiraient devant la chambre.

« Attendons, » disait M. de Saint-Aulaire, « que des intérêts particuliers fassent entendre des réclamations, et nous serons plus sûrs de leur appliquer avec justice le texte ou les principes de la législation existante. »

Il ne fut donc rien statué sur la proposition de M. le comte Dejean. Cependant, il faut le dire, le duc de Crussol fut admis à la place du duc d'Uzès; mais comment le fut-il?

Cette discussion, qui avait commencé par les principes, finit par devenir toute personnelle. Le duc de Crussol prouva qu'il avait le consentement de son père et l'autorisation du roi : l'opposition elle-même conclut à son admission.

Ainsi donc, et dans cette circonstance, la dernière où la cour des pairs se soit occupée de ce point si remarquable de notre droit public, la question n'a rien moins que reçu une solution définitive.

Elle est vierge de toute décision, et nous le disons de notre pays, où la pairie dans sa forme actuelle est encore en quelque sorte au berceau.

Nous la pourrions considérer comme résolue en faveur de notre noble client, si les enseignemens historiques d'une nation voisine dont les institutions sont analogues aux nôtres pouvaient exercer ici une influence utile.

On sait qu'après l'introduction de la réforme en Angleterre et sous le règne de Charles II, en 1678, peu après le complot catholique essayé par Titus Vatès, il fut rendu un acte, dit *du Test,* qui prescrivait une formule de serment à prêter.

Ce serment fut refusé par de nombreux catholiques fidèles à la foi de leurs pères. Il était prescrit sous des pénalités analogues à celles de la loi française du 31 août 1830.

Les pairs catholiques, atteints par cette loi, furent déchus du droit de siéger à la chambre, mais ils n'en conservèrent pas moins les autres prérogatives inhérentes à leur dignité; ils furent toujours pairs d'Angleterre.

La preuve s'en tire d'un discours prononcé par M. Canning le 30 avril 1822. L'orateur demandait un bill qui levât l'incapacité de siéger prononcée par l'acte du test contre les pairs catholiques qui avaient refusé le serment. Il disait que ceux-ci, bien que déchus du droit de siéger, étaient toujours demeurés pairs d'Angleterre, et il rappelait à ce sujet que sa grace le duc de Norfolk, qui était dans ce cas, avait rempli, au couronnement de Georges IV, en 1820, des fonctions dépendantes de sa haute dignité.

Ces raisonnemens, ces faits historiques nous semblent apporter dans la discussion un poids bien autrement grave que les étranges paroles du ministère français.

La cour se rappellera à l'aide de quels argumens celui-ci repoussait à la chambre la logique si pressante de ses adversaires.

Elle se demandera s'il ne lui a pas été réservé de rétablir un texte précis de la charte, et de suivre ainsi le noble exemple d'indépendance et de loyauté que vient de lui donner le premier corps judiciaire du royaume.

Conclut à ce qu'il plaise à la Cour se déclarer incompétente pour statuer sur l'inculpation dirigée contre M. Louis-Florian-Paul, comte de Kergorlay, pair de France, et renvoyer le ministère public à se pourvoir, quant à ce, ainsi qu'il avisera.

TARDIF,
Avocat en la Cour Royale d'Aix.